Struwwelpeter

DIE ABRECHNUNG

von den

Gebrüdern Kizler

mit den Originaltexten von

Dr. Heinrich Hoffmann

illustriert von

Christina Mäckelburg

KAMPENWAND
VERLAG

DIE ABRECHNUNG

Das Kinderbuch für Erwachsene

ISBN 978-3-947738-19-9

Raiffeisenstr. 4 · D-83377 Vachendorf
www.kampenwand-verlag.de
Versand & Vertrieb durch Nova MD GmbH
www.novamd.de · bestellung@novamd.de
+49 (0) 861 166 17 27

Texte von Niklas und Johannes Kizler
Originaltexte von Dr. Heinrich Hoffmann
Illustrationen von Christina Mäckelburg
Buchgestaltung von Lilo Behnke

Niklas (geb.1978) und Johannes (geb.1983) sind in Fellbach, bei Stuttgart, aufgewachsen. Im zarten Alter von sieben und drei Jahren, begannen die Gebrüder Kizler zusammen Filme zu drehen. Mit einer Super 8 und ihrem Vater hinter der Kamera, entstanden experimentelle Italo-Western und kurze Gangsterfilmchen. Sie sind ihrer Leidenschaft treu geblieben und arbeiten heute als Regisseure, Produzenten und Autoren in Berlin.
Das Buch „Struwwelpeter - Die Abrechnung" ist ihre erste gemeinsame literarische Arbeit.

Christina (geb. 1990), aufgewachsen in Böblingen, bei Stuttgart, gibt ihrer Freude an der Beobachtung am liebsten mit Stift und Papier Ausdruck. Sie gestaltet Illustrationen für Kinder und Erwachsene und studiert aktuell an der Staatlichen Akademie der Bildenden Künste in Stuttgart Kommunikationsdesign. Sie liebt Lakritzschnecken und möchte gerne mal zum Mond.

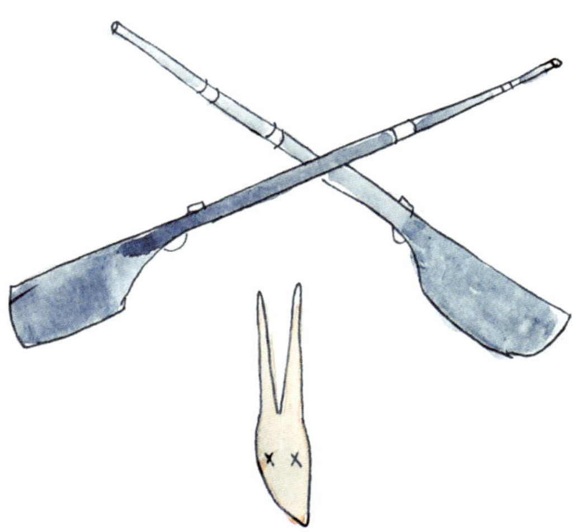

Vorwort

Sehr geehrte Damen, sehr geehrte Herrn,
worum geht es hier im Kern?
Das Buch woran sich Geister scheiden,
soll man's lesen, soll man's meiden?

Leicht traumatisiert vom Struwwelpeter,
ergreifen wir nun Jahre später
Partei für all die ›Übeltäter‹.
Warum machen Paulinchen, Hans und Peter
solch ein fürchterlich Gezeter?

Einmal kräftig umgerührt,
die Geschichten lustig fortgeführt
oder ganz im Ernste hinterfragt
und deren Züchtigkeit beklagt.

Gemacht zum Lachen, Weinen, Debattieren,
ebenso zum Deklamieren,
auf dass ihr euch dran reibt,
im Hals das Lachen stecken bleibt.

Viel Spaß!

Die Geschichten

Der Struwwelpeter

Sieh einmal, hier steht er.
Pfui! Der Struwwelpeter!
An den Händen beiden
ließ er sich nicht schneiden
seine Nägel fast ein Jahr;
kämmen ließ er nicht sein Haar.
»Pfui!« ruft da ein jeder,
»garst'ger Struwwelpeter!«

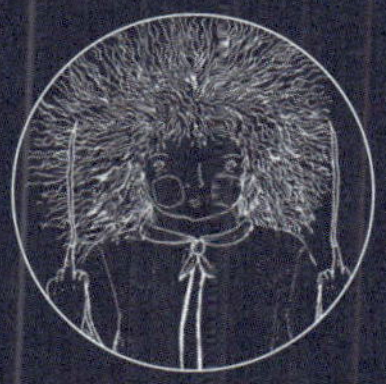

Ja hat sich wer schon mal gefragt,
warum sich Peter gar so plagt?
Die Eltern ihn gern anders hätten,
zwei streng konforme Marionetten.
Das Struwweln ist sein Schrei nach Liebe,
stattdessen gibt es Zucht und Hiebe.
Der Peter hat sein' eignen Kopf,
zum Ausdruck trägt er diesen Schopf!
Und auch die Nägel lässt er lang,
um nicht zu sein wie jedermann!
Seiner Zeit sehr weit voraus,
fühlt sich verkehrt im bied'ren Elternhaus.
Zur falschen Zeit am falschen Ort,
was wünschte er sich weit, weit fort
und hundertzwanzig Jahre später
riefe da ein Jeder:
Rock on, Deep Purple-Peter!

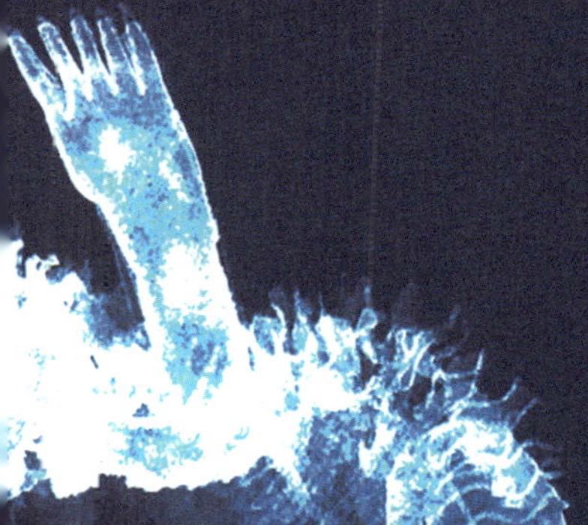

Die Geschichte vom bösen Friederich

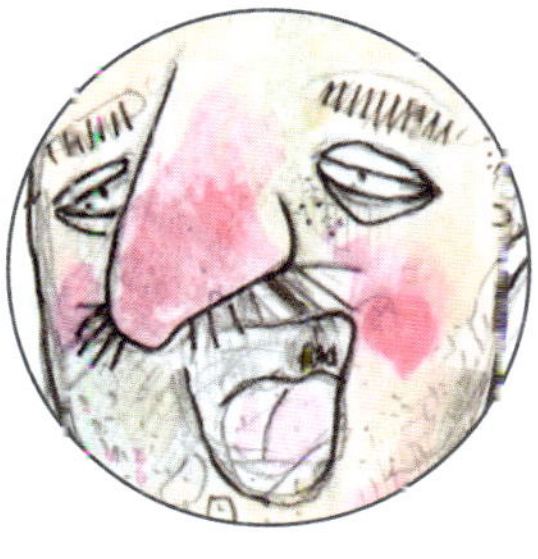

Der Friederich, der Friederich,
das war ein arger Wüterich!
Er fing die Fliegen in dem Haus
und riß ihnen die Flügel aus.

Er schlug die Stühl' und Vögel tot,
die Katzen litten große Not.
Und höre nur, wie bös er war:
Er peitschte, ach, sein Gretchen gar!

Am Brunnen stand ein großer Hund,
trank Wasser dort mit seinem Mund.
Da mit der Peitsch' herzu sich schlich
der bitterböse Friederich;
und schlug den Hund,
der heulte sehr,
und trat und schlug ihn immer mehr.

Da biß der Hund ihn in das Bein,
recht tief bis in das Blut hinein.
Der bitterböse Friederich,
der schrie und weinte bitterlich.
Jedoch nach Hause lief der Hund
und trug die Peitsche in dem Mund.

Ins Bett muß Friedrich nun hinein,
litt vielen Schmerz an seinem Bein;
und der Herr Doktor sitzt dabei
und gibt ihm bitt're Arzenei.

Der Hund an Friedrichs Tischchen saß,
wo er den großen Kuchen aß;
aß auch die gute Leberwurst
und trank den Wein für seinen Durst.
Die Peitsche hat er mitgebracht
und nimmt sie sorglich sehr in acht.

Es ist schon kurz nach drei,
da kommt der Vater noch vorbei.
Er trank den Kelch in einem Zuge,
bis jeglich' Hemmung ging im Fluge.

Er holt den Sohn aus seinem Bette:
»Der will jetzt spielen, jede Wette!«
Die Mutter funkt dazwischen:
»Lass ihn bitte in den Kissen!«

Doch der Vater hat jetzt Recht,
ein jeder ist heut' Nacht sein Knecht.
Drum packt der Vater seine Frau,
er schlägt die Arme grün und blau.

Und Friedrichs Tür ein Spalt weit offen,
da steht der Junge ganz betroffen,
aber dennoch fasziniert,
was Vater da so fabriziert.

Die gar traurige Geschichte mit dem Feuerzeug

Paulinchen war allein zu Haus,
die Eltern waren beide aus.
Als sie nun durch das Zimmer sprang
mit leichtem Mut und Sing und Sang,
da sah sie plötzlich vor sich stehn
ein Feuerzeug, nett anzusehn.

»Ei«, sprach sie, »ei, wie schön und fein!
Das muß ein trefflich Spielzeug sein.
Ich zünde mir ein Hölzchen an,
wie's oft die Mutter hat getan.«

Und Minz und Maunz, die Katzen,
erheben ihre Tatzen.
Sie drohen mit den Pfoten:
»Der Vater hat's verboten!
Miau! Mio! Miau! Mio!
Laß stehn!
Sonst brennst du lichterloh!«

Paulinchen hört die Katzen nicht!
Das Hölzchen brennt gar hell und licht,
das flackert lustig, knistert laut,
grad wie ihr's auf dem Bilde schaut.
Paulinchen aber freut sich sehr
und sprang im Zimmer hin und her.

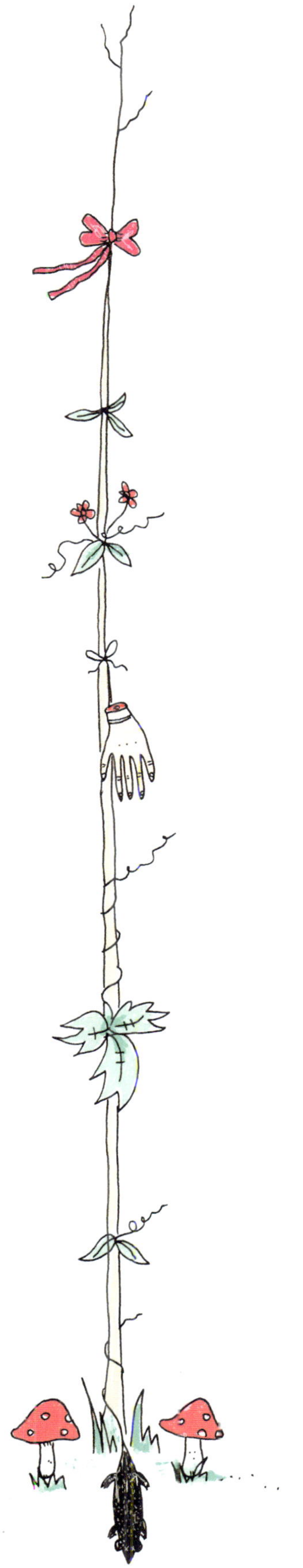

Doch Minz und Maunz, die Katzen,
erheben ihre Tatzen.
Sie drohen mit den Pfoten:
»Die Mutter hat's verboten!
Miau! Mio! Miau! Mio!
Wirf's weg! Sonst brennst du lichterloh!«

Doch weh! Die Flamme faßt das Kleid,
die Schürze brennt; es leuchtet weit.
Es brennt die Hand, es brennt das Haar,
es brennt das ganze Kind sogar.

Und Minz und Maunz, die schreien
gar jämmerlich zu zweien:
»Herbei! Herbei! Wer hilft geschwind?
Im Feuer steht das ganze Kind!
Miau! Mio! Miau! Mio!
Zu Hilf'! Das Kind brennt lichterloh!«

Verbrannt ist alles ganz und gar,
das arme Kind mit Haut und Haar;
ein Häuflein Asche bleibt allein
und beide Schuh', so hübsch und fein.

Und Minz und Maunz, die kleinen,
die sitzen da und weinen:
»Miau! Mio! Miau! Mio!
Wo sind die armen Eltern? Wo?«
Und ihre Tränen fließen
wie's Bächlein auf den Wiesen.

Die Mutter ist karrieregeil
und geht mit ihrem Startup steil.
Der Vater muss 'ne Firma leiten,
sich Tag und Nacht mit China streiten.
Die Eltern gehen aus dem Haus,
sprechen schnell noch die Verbote aus:
»Messer, Gabel, Schere, Licht
sind für kleine Kinder nicht!
Streamingdienste sind *tabu!*
Mach brav die Arbeit ganz in Ruh.
Musik wird lieber nicht gehört,
du weißt, wie das die Nachbarn stört.
Sei still und lass das Springen sein,
sonst stecken wir dich noch ins Heim!
Kein Fenster auf,
kein Online-Kauf,
kein Keller-Gang,
kein Ofen an,
kein Gummibär,
kein Schießgewehr
und bitte kein Geschlechtsverkehr!
Kein *blabla* und kein blibla!
Blabla Feuer,
blabla teuer,
Mikrowelle blablabla,
sind ganz spät dann wieder da.«

Zackbumms, die Tür fällt zu,
Paulinchen denkt sich: »Endlich Ruh.«
Desweiteren: *»... was mach ich nu?«*
Ihr Blick geht rüber zum Kamin,
ein Feuerzeug dort liegt, bedruckt mit einem Pinguin.
Ei, was ist das Bildchen farbenreich!
»Wie war das mit dem Feuer gleich?«

Die Geschichte von den schwarzen Buben

Es ging spazieren vor dem Tor
ein kohlpechrabenschwarzer Mohr.
Die Sonne schien ihm aufs Gehirn,
da nahm er seinen Sonnenschirm.
Da kam der Ludwig hergerannt
und trug sein Fähnchen in der Hand.
Der Kaspar kam mit schnellem Schritt
und brachte seine Brezel mit.

Und auch der Wilhelm war nicht steif
und brachte seinen runden Reif.
Die schrien und lachten alle drei,
als dort das Mohrchen ging vorbei,
weil es so schwarz wie Tinte sei!

Da kam der große Nikolas
mit seinem großen Tintenfaß.
Der sprach: »Ihr Kinder, hört mir zu
und laßt den Mohren hübsch in Ruh'!
Was kann denn dieser Mohr dafür,
daß er so weiß nicht ist wie ihr?«
Die Buben aber folgten nicht
und lachten ihm ins Angesicht
und lachten ärger als zuvor
über den armen schwarzen Mohr.

Der Niklas wurde bös und wild,
du siehst es hier auf diesem Bild!
Er packte gleich die Buben fest,
beim Arm, beim Kopf, bei Rock und West':
Den Wilhelm und den Ludewig,
den Kaspar auch, der wehrte sich.
Er tunkt' sie in die Tinte tief,
wie auch der Kaspar »Feuer« rief.
Bis übern Kopf ins Tintenfaß
tunkt' sie der große Nikolas.

Du siehst sie hier, wie schwarz sie sind,

viel schwärzer als das Mohrenkind!

Der Mohr voraus im Sonnenschein,
die Tintenbuben hinterdrein;
und hätten sie nicht so gelacht,
hätt' Niklas sie nicht schwarz gemacht.

Zur Strafe sein noch schwärzer als der Mohr?

Das kommt uns gegenüber dem Moh[illegible], doch reichlich degradierend vor!

Die Geschichte vom wilden Jäger

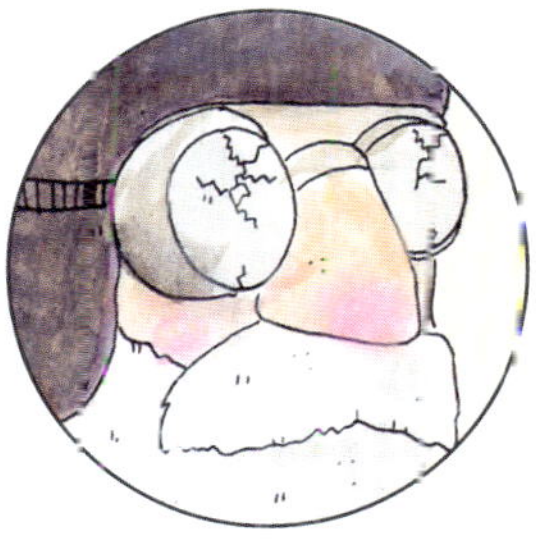

Es zog der wilde Jägersmann
sein grasgrün neues Röcklein an;
nahm Ranzen, Pulverhorn und Flint'
und lief hinaus ins Feld geschwind.

Er trug die Brille auf der Nas'
und wollte schießen tot den Has'.
Das Häschen sitzt im Blätterhaus
und lacht den wilden Jäger aus.

Jetzt schien die Sonne gar zu sehr,
da ward ihm sein Gewehr zu schwer.
Er legte sich ins grüne Gras,
das alles sah der kleine Has'.

Und als der Jäger schnarcht' und schlief,
der Has' ganz heimlich zu ihm lief
und nahm die Flint' und auch die Brill'
und schlich davon ganz leis und still.

Die Brille hat das Häschen jetzt
sich selbst auf seine Nas' gesetzt
und schießen will's aus dem Gewehr.
Der Jäger aber fürcht' sich sehr.
Er läuft davon und springt und schreit:
»Zu Hilf', ihr Leut', zu Hilf', ihr Leut'!«

Da kommt der wilde Jägersmann
zuletzt beim tiefen Brünnchen an.
Er springt hinein. Die Not war groß;
es schießt der Has' die Flinte los.

Des Jägers Frau am Fenster saß
und trank aus ihrer Kaffeetass'.
Die schoß das Häschen ganz entzwei,
da rief die Frau: »O wei! O wei!«

Doch bei dem Brünnchen heimlich saß
des Häschens Kind, der kleine Has'.
Der hockte da im grünen Gras;
dem floß der Kaffee auf die Nas',
er schrie: »Wer hat mich da verbrannt?«
und hielt den Löffel in der Hand.

Der Hase voll nach hinten kracht,
den Rückschlag hat er nicht bedacht.
Versehentlich noch einmal feuert,
Kugel Zwei mit Wucht gen Himmel steuert.

Die Ehefrau, sie nimmt derweil,
am Leid des kleinen Häschen Teil,
hüpft flink aus dem Fenster;
Parkour-Style.
Das verbrannte Hasenkind,
sichert sie sich ganz geschwind.
Sie wirft es in den Brunnenschacht,
zur Kühlung hat sie sich gedacht.

Der alte Has' dies falsch verstand,
im Wahn er das Gewehr neu spannt.
Er legt an und zielt und feuert.
Und wieder hat er nicht bedacht,
dass durch den Rückschlag er nach hinten kracht.
Der Schuss zischt knapp an Muttis Kopf *vorbei,*
sich im Gebälk des Dachstuhls so verirrt,
da bricht ein Ziegel dann entzwei.
Der Has' und Mutti sind verwirrt.

Mutti blickt zum Dach nach oben,
da kommt der Ziegel schon geflogen
und spaltet ihr das Hirn,
vom Hinterkopf bis vor zur Stirn.
Was noch ist von Mutti über,
kippt in den Brunnen vorne rüber.

Der Has' schockiert von all dem Splatterscheiß,
taumelt orientierungslos im Kreis.
Und ferner hat der Has',
noch Jägers Brille auf der Nas'.
Die Eskalationsmöglichkeit der Situation verkannt,
eilt er an den Brunnenrand.
Und wie soll es anders laufen,
er fällt hinein und muss ersaufen.

Am Ende sind sie alle tot,
doch ein weiteres Debakel droht:
Der Himmel blau, die Thermik gut,
Otto Lilienthal pfeift sich eins auf seinem Jungfernflug.
Da Kugel Zwei noch durch die Lüfte sägt,
trifft sie mit voller Kraft das Fluggerät.

Das Höhenruder ist zerfetzt.

Otto: »Och nö! Was' das denn jetzt?«

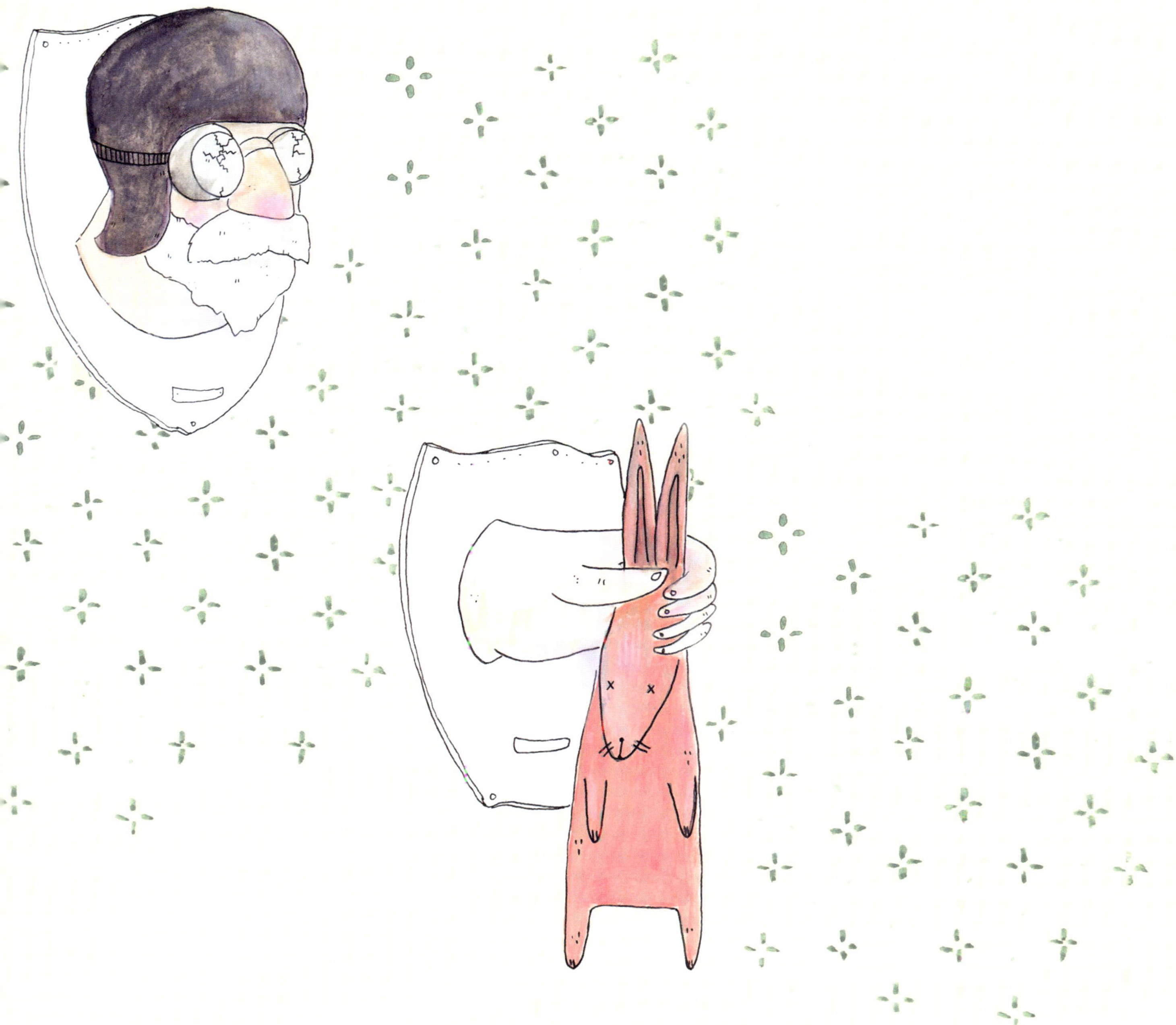

Die Geschichte vom Daumenlutscher

»Konrad!« sprach die Frau Mama,
»ich geh aus, und du bleibst da.
Sei hübsch ordentlich und fromm,
bis nach Haus ich wieder komm'.
Und vor allem, Konrad, hör'!
Lutsche nicht am Daumen mehr;
denn der Schneider mit der Scher'
kommt sonst ganz geschwind daher,
und die Daumen schneidet er
ab, als ob Papier es wär'.«
Fort geht nun die Mutter und
wupp! den Daumen in den Mund.

Bauz! da geht die Türe auf,
und herein in schnellem Lauf
springt der Schneider in die Stub'
zu dem Daumen-Lutscher-Bub.
Weh! Jetzt geht es klipp und klapp
mit der Scher' die Daumen ab,
mit der großen scharfen Scher'!
Hei! Da schreit der Konrad sehr.

Als die Mutter kommt nach Haus,
sieht der Konrad traurig aus.
Ohne Daumen steht er dort,
die sind alle beide fort.

Der Konrad ist ein fleiß'ger Jung,
die ganze Woche auf dem Sprung.
Als großer Künstler um die Welt,
so hat man sich das vorgestellt.
Am Montag nach der sechsten Stund
geigt er sich die Finger wund.
Am Dienstag dann im Knabenchor
tut er sich als Solist hervor.
Am Mittwoch haut er in die Tasten,
es scheint ihn gar nicht zu belasten.
Ab heute muss er wieder fasten,
denn Donnerstag geht's ins Ballett
und dafür muss er sein adrett.
Am Freitag englisch, spanisch, mandarin,
letztres lernt er bei Chang-Lin.
Dann kommt auch schon das Wochenend,
er hätte es sehr gern verpennt.
Doch muss er leider wieder lernen,
soll er ja greifen nach den Sternen.
All das Lernen, all die Arbeit,
zum Spielen bleibt da keine Zeit.

Der Daumen ist sein *einz'ger Freund...*

Versteht ihr?
That's the point!

BFF
1

Die Geschichte vom Suppen-Kaspar

Der Kaspar, der war kerngesund,
ein dicker Bub und kugelrund,
er hatte Backen rot und frisch;
die Suppe aß er hübsch bei Tisch.
Doch einmal fing er an zu schrein:
»Ich esse keine Suppe! Nein!
Ich esse meine Suppe nicht!
Nein, meine Suppe ess' ich nicht!«

Am nächsten Tag, - ja, sieh nur her!
da war er schon viel magerer.
Da fing er wieder an zu schrein:
»Ich esse keine Suppe! Nein!
Ich esse meine Suppe nicht!
Nein, meine Suppe ess' ich nicht!«

Am dritten Tag, o weh und ach!
Wie ist der Kaspar dünn und schwach!
Doch als die Suppe kam herein,
gleich fing er wieder an zu schrein:
»Ich esse keine Suppe! Nein!
Ich esse meine Suppe nicht!
Nein, meine Suppe ess' ich nicht!«

Am vierten Tage endlich gar
der Kaspar wie ein Fädchen war.
Er wog vielleicht ein halbes Lot -
und war am fünften Tage tot.

Des Kaspars Mutter Amelie
war in der Küche kein Genie.
Doch trotzdem kochte sie mit Spaß,
heraus kam dabei schrecklich Fraß.

Es hatte sich herum gesprochen.
So mancher hatte sich erbrochen,
konnte nicht mehr grade stehn,
ne Woche nicht zur Arbeit gehn.

Ein Freund, der sprach ihr ins Gewissen:
»Wir wollen dich nicht dissen,
doch schmeckt dein Essen echt beschissen,
eine Qual ist jeder Bissen!
Wir finden, ja, du sollst das wissen…«

Doch Amelie voll Leidenschaft
war überzeugt von sich als Küchenkraft.
Wie immer trifft es dann die Schwachen,
der Kaspar hatte nichts zu lachen:
»Das Einz'ge was mir übrig bleibt,
ich trete in den Hungerstreik!«

Am Ende bleibt noch zu erwähnen,
nach all dem Leid und all den Tränen,
in Hoffmanns Überlief'rung lief was schief,
der dürre Knabe damals rief:

»Ich esse DEINE Suppe nicht!
Nein, DEINE Suppe ess' ich nicht!«

Die Geschichte vom Zappel-Philipp

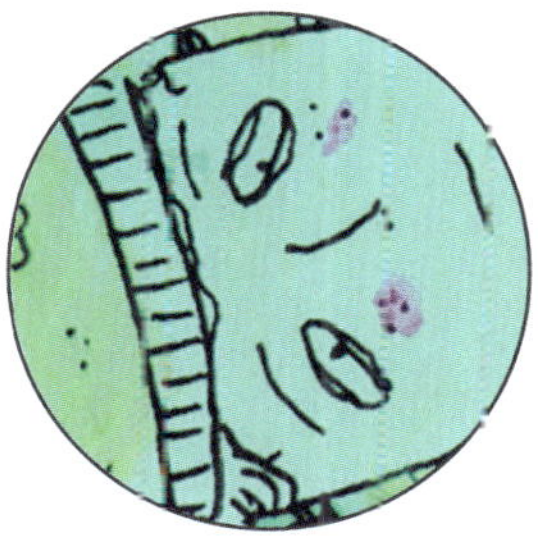

»Ob der Philipp heute still
wohl bei Tische sitzen will?«
Also sprach in ernstem Ton
der Papa zu seinem Sohn,
und die Mutter blickte stumm
auf dem ganzen Tisch herum.
Doch der Philipp hörte nicht,
was zu ihm der Vater spricht.

Er gaukelt
und schaukelt,
er trappelt
und zappelt
auf dem Stuhle hin und her.
»Philipp, das mißfällt mir sehr!«

Seht, ihr lieben Kinder, seht,
wie's dem Philipp weiter geht!
Schaut genau auf dieses Bild!
Seht! Er schaukelt gar zu wild,
bis der Stuhl nach hinten fällt;
da ist nichts mehr, was ihn hält;
nach dem Tischtuch greift er, schreit.

Doch was hilft's? Zu gleicher Zeit
fallen Teller, Flasch' und Brot.
Vater ist in großer Not,
und die Mutter blicket stumm
auf dem ganzen Tisch herum.

Nun ist Philipp ganz versteckt,
und der Tisch ist abgedeckt,
was der Vater essen wollt',
unten auf der Erde rollt;
Suppe, Brot und alle Bissen,
alles ist herabgerissen;
Suppenschüssel ist entzwei,
und die Eltern stehn dabei.
Beide sind gar zornig sehr,
haben nichts zu essen mehr.

Mit dem Fahrrad über Berg und Tal,
Philipp hatte Potenzial.
Fussball, Ringen, Dauerlauf,
ohne Seil den Berg hinauf.
Schneller als die andern sein,
das sogar auf einem Bein.
Das Dilemma der Geschicht':
Sportlich sein, das schickt sich nicht.
Vaters Abziehbild, das soll er sein.
Anwalt, Richter, das wär fein.
Die Eltern haben's nicht erkannt,
Philipp als gestört verkannt.
Ein Freak *der nicht still sitzen kann,*
da müssen wohl die Ärzte ran.
Schnell einig waren sich Doktoren,
der Zappel-Philipp war geboren!
So mancher lässt sich schwer erziehn',
drum gibt man heute Ritalin.

RITALIN

Die Geschichte vom Hans Guck-in-die-Luft

Wenn der Hans zur Schule ging,
stets sein Blick am Himmel hing.
Nach den Dächern, Wolken, Schwalben
schaut er aufwärts allenthalben:
Vor die eignen Füße dicht,
ja, da sah der Bursche nicht,
also daß ein jeder ruft:
»Seht den Hans Guck-in-die-Luft!«

Kam ein Hund daher gerannt;
Hänslein blickte unverwandt
in die Luft.
Niemand ruft:
»Hans, gib acht, der Hund ist nah!«
Was geschah?
Bauz! Perdauz! - da liegen zwei!
Hund und Hänschen nebenbei.

Einst ging er an Ufers Rand
mit der Mappe in der Hand.
Nach dem blauen Himmel hoch
sah er, wo die Schwalbe flog,
also daß er kerzengrad'
immer mehr zum Flusse trat.
Und die Fischlein in der Reih'
sind erstaunt sehr, alle drei.

Noch ein Schritt! Und plumps! - der Hans
stürzt hinab kopfüber ganz!
Die drei Fischlein, sehr erschreckt,
haben sich sogleich versteckt.

Doch zum Glück, da kommen zwei
Männer aus der Näh' herbei,
und die haben ihn mit Stangen
aus dem Wasser aufgefangen.

Seht! Nun steht er triefend naß!
Ei! Das ist ein schlechter Spaß!
Wasser läuft dem armen Wicht
aus den Haaren ins Gesicht,
aus den Kleidern, von den Armen;
und es friert ihn zum Erbarmen.

Doch die Fischlein alle drei,
schwimmen hurtig gleich herbei;
strecken's Köpflein aus der Flut,
lachen, daß man's hören tut,
lachen fort noch lange Zeit;
und die Mappe schwimmt schon weit.

Der Blick zum Himmel kann uns vieles zeigen:
Dass Bäume sich im Winde neigen,
die Erde nie ne Scheibe war,
Star Wars, Alien, Avatar.
Dass ein Apfel fällt vom Ast zu Boden,
so gibt es vieler Anekdoten.
Der Horizont geht über'n Tellerrand,
Zusammenhänge neu erkannt.
So tun sich Perspektiven auf,
Veränderung nimmt seinen Lauf.
Stolpern, Fallen, Widerstand
ist jedem Pionier bekannt.
So lasst uns träumen, anders denken
und der Welt viel Neues schenken.
Wir fordern dringlich hier und heut':
»Guckt öfter in die Luft, ihr Leut!«

Die Geschichte vom fliegenden Robert

Wenn der Regen niederbraust,
wenn der Sturm das Feld durchsaust,
bleiben Mädchen oder Buben
hübsch daheim in ihren Stuben.
Robert aber dachte: »Nein!
Das muß draußen herrlich sein!«
Und im Felde patschet er
mit dem Regenschirm umher.

Hui, wie pfeift der Sturm und keucht,
daß der Baum sich niederbeugt!
Seht! Den Schirm erfaßt der Wind,
und der Robert fliegt geschwind
durch die Luft so hoch, so weit;
niemand hört ihn, wenn er schreit.
An die Wolken stößt er schon,
und der Hut fliegt auch davon.

Schirm und Robert fliegen dort
durch die Wolken immerfort.
Und der Hut fliegt weit voran,
stößt zuletzt am Himmel an.
Wo der Wind sie hingetragen,
ja, das weiß kein Mensch zu sagen.

Und als der Robert ward verschwunden,
der Sturm trug ihn noch viele Stunden
in die weite Welt hinein.
Ei!
Was war die Luft dort oben rein!
Der Wind lies nach, der Himmel klar
und Robert war in Sansibar.

In diesem fernen Königreich
verehrte man ihn gottesgleich.
Denn aus den Wolken stieg er nieder,
sie beschenkten ihn und *sangen* Lieder.
Obwohl man ihn Taifun dort nannte,
er beim nächsten Sturm den Schirm aufspannte.
Denn Robert suchte Abenteuer.
In seinen Augen brannte Feuer.

Vorbei an Palmen, Stränden, Türmen,
getragen von den stärksten Stürmen,
wurd' er Berater eines Zaren
und durft' in gold'nen Kutschen fahren.
Ein Scheich fand Robert richtig fein
und lud ihn in sein' Harem ein.
Vergrub mit Mayas einen Schatz,
bekam im Tempel einen Platz.
Auf Bali traf er dann Piraten
und wurde Teil von schlimmen Taten.

In England fragten sie beim Tee:
»Wie kamst du übern großen See?«
»Wenn überm Meer der Wind nicht weht,
ich schnell mein Schirmlein umgedreht.«
Zurück Zuhaus' als alter Greis,
erzählte er von seiner Reis'.
Und alle: »Echt jetzt? Ohne Scheiß!?«

EPILOG

Wenn die Kinder artig sind,
kommt zu ihnen das Christkind;
wenn sie ihre Suppe essen
und das Brot auch nicht vergessen,
wenn sie, ohne Lärm zu machen,
still sind bei den Siebensachen,
beim Spaziergehn auf den Gassen
von Mama sich führen lassen,
bringt es ihnen Gut's genug
und ein schönes Bilderbuch.

Ich bin der kleine Till,
war immer brav und still.
Hab immer artig aufgegessen,
ruhig auf meinem Stuhl gesessen.
Hab immer mich gern führen lassen
und nie gequengelt an den Kassen.
Mit großer Spannung gab's ein Ziel,
drum mich entsagt dem kindlich Spiel.
Was freut' ich mich auf's schöne Bilderbuch,
das Hoffmann Kindern einst versprochen.
Nun sitz' ich hier mit diesem Fluch,
verängstigt, zitternd und gebrochen.
Zugegeben, überspitzt gesprochen.

Aber *hey* mal aufgemerkt:

Schenkt ihr mir solch ein Regelwerk
lass ich die Haar, die Nägel lang,
und zünd mir jetz'n Kippchen an.

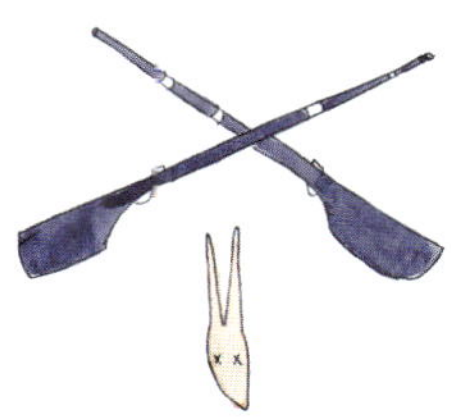

HERZLICHEN DANK!

Auf Grund ganz wunderbarer Menschen, die uns sehr reich beschenkten, halten Sie dies Buch nun in der Hand, drum werden diese hier genannt:

Mirjam & Benjamin Ernst mit Jannis und Jara · Philipp Kercher & Aydin Kübler · Fabian Finkbeiner
Tobias Schneiderhan & Jasmin Groß · Simon Schneiderhan & Leonie Reetz · Christine Niemann
Lion Rink & Patricia Mocko · Marcus Rösch & Anja Roller · Katrin & Dennis Fakner · Tanja Stein
Sonja & Wolfgang Kizler · Sarah Gallo & Claudio Vulcano mit Emilia · Michaela Pflugfelder · Jo Glenk
Beate & Steffen Rienth mit Maximilian · Silke Oesterle · Florian Wagner & Julia Gräßle · Erhard Gruber
Fabian Sommerkamp & Silvia Sierra · Marcus Görisch · Chris McKissick · Tara Brigitte Taniel · Lilli Berger
Ruben Hauf & Anne Würth · Wieland Oettinger & Stefanie Mühlbauer · Anja & Martin Gibson
Philipp Walz & Annica Maruhn · Anne Mäckelburg · Stefan Amtmann · Maik Fimpel & Jenny Haug
Ralf Ottilie & Johanna Schories mit Malte · Heike & Ulrich Borst · Franziska Dornheim · Alexandra Pries
Hedwig Kizler · Judith & Benjamin Diebold mit Amelie · Anne & Michael Kölz mit Mara
Simone & Randolph Obermeyer mit Leon und Lucy · Michael Rehmet · Susanne Pölitz · Nathalie Winkler
Michél Murawa · Alexander Kuhlmann · Michael Rasenberger · Familie Freienstein · Tina Lucka
Gaby & Jürgen Oesterle · Irene Brischkowski · Theresa Stork · Johannes Östergård · Monika Abbas
Annette Wahl · Marianna Linden · Heiko Schwanzer · Sarah Ehrlich · Martin Friese · Marco Ammann
Katrin & Jonas Lank · Christian Schäfer & Sibylle Trickes-Schäfer mit Frida und Lilly · Christoph Kung
Gertrud McKissick · Daniel Krebs · Jannik Lengfeld · Familie Plücker · Daniela Gros · Eva-Maria Thiede
Martina Tischlinger · Molly Wallmersperger · Peer Milbrodt · Annette Westerbarkey · Franziska Rätzlaff
Marina Kugelmann · Denis Adigüzel · Jürgen Leuther · Sebastian Danisch · Britta Katthöfer

Melanie & Dirk Schneider mit Emilia und Laurin · Claudia Sippach · Tim Mann · Jürgen Kössinger Chris Bindseil · Margitta & Markus Schmaus · Christian Hansen · Ralph Burkart · Stephanie Kautz Carolin Güldner · Tamara Kraus · Hanna Tönnies · Benjamin Schnepp & Dominic Hauser · Peter Baur Tiffi De Friend · Juana-Victoria (Annie) Güneser · Eugen Stemmle · Uschi & Harald Rienth · Falk Becker Amalia & Timo Henke mit Sophie und Lukas · Sami Ehlhardt · Werner Hofmann · Melanie Zelleröhr Roswitha & Ottmar Schnepp · Christoph Deselaers · Gerlinde & Rolf Schäfer · Chris Dobos-Wolfer Claudia Zeller · Anja Birmanac-Pflüger · Gisela Behnke · Jürgen Geyer · Kay Rohde · Monika Lockemann Wilhelm Thomas Fiege · Sarah & Patrick Graß mit Laurin · Familie Kowa · Nathalie Burkl · Maria Kleinow Sabine Rieger-Mühleck & Michael Mühleck · Cornelia & Patrick Chaudron · Karsten Schrödter Eva-Maria Mayer · Andreas Seydelmann · Monika & Christoph Wagner · Ines & Dirk Schmidt · Nica Geese Simone Bauer · Gregor Teggatz · Nicole Zöllner · Mathias Krebser · Anika Heißmann · Karl Fordemann Anja Bayer & Jon Dausman mit Lars · Helmut Schaaf · Alexandra Kurz · Ilona Schachhuber · Doris Ulrich Sandra Albert · Alexander Landsberger · Jana Sodemann · Erika & Ullrich Kraatz · Wolfgang Maschke Matthias Schroers · Janina Steiner · Dustin John · Sara Appenroth · Julia Hartmann · Wolfgang Kringler Mike Bothe · Florentine Wahl · Barbara Kranz & Bubbles Film · Thomas Konrad · Richard Schütze

Der ganz besondere Dank geht an:
Christian Schäfer, Heike Borst, Benjamin Schnepp, Sebastian Senff und unsere Eltern!